BIBLIOTHÈQUE D'AGRICULTURE COLONIALE

CULTURE
DU CACAOYER

ÉTUDE FAITE A LA GUADELOUPE

PAR

le Dr Paul GUÉRIN

Médecin principal du Corps de santé des Colonies
Membre titulaire de la Chambre d'agriculture de la Basse-Terre (Guadeloupe).

PARIS

Augustin CHALLAMEL, Éditeur

17, RUE JACOB

LIBRAIRIE MARITIME ET COLONIALE

1896

CULTURE

DU CACAOYER

TYPOGRAPHIE FIRMIN-DIDOT ET Cie. — MESNIL (EURE).

CULTURE
DU CACAOYER

ÉTUDE FAITE A LA GUADELOUPE

PAR

le Dr Paul GUÉRIN

Médecin principal du Corps de santé des Colonies
Membre titulaire de la Chambre d'agriculture de la Basse-Terre (Guadeloupe)

PARIS

AUGUSTIN CHALLAMEL, ÉDITEUR

17, RUE JACOB
LIBRAIRIE MARITIME ET COLONIALE

1896

A Monsieur le Dr TREILLE

INSPECTEUR GÉNÉRAL DU CORPS DE SANTÉ DES COLONIES

MEMBRE DU COMITÉ CONSULTATIF D'HYGIÈNE DE FRANCE

OFFICIER DE LA LÉGION D'HONNEUR

Hommage de ma respectueuse gratitude.

CULTURE DU CACAOYER

AVANT-PROPOS

Un séjour de cinq années à la Guadeloupe, dont une dans la principale plantation de l'île, m'a permis d'étudier la culture du cacaoyer.

Sans avoir la prétention de n'avoir rien omis, je crois pouvoir livrer au public une étude pratique où le planteur trouvera des renseignements dont il aura à faire journellement l'application.

J'ai joint à ce travail divers tableaux empruntés aux ouvrages les plus récents.

J'ai utilisé les données qui m'ont été fournies par le travail de M. Bonâme paru en **1887** dans les *Annales de la Science agronomique française et étrangère*.

Le chapitre de l'*Encyclopédie chimique* qui traite du cacao m'a aussi procuré des documents, surtout en ce qui concerne la partie chimique.

Je n'ai pas non plus négligé les anciens, et je me suis largement inspiré des conseils du Père Labat (*Voyage aux Isles de l'Amérique*).

Les renseignements relatifs à la pratique du Vénézuéla m'ont été fournis par la mission envoyée en **1891**, par le conseil général de la Guadeloupe, à l'effet d'étudier sur place la culture du cacaoyer et la préparation du cacao.

Je regrette de n'avoir pu consulter le traité des cultures tropicales de MM. Raoul et Nicholls. La compétence de ces écrivains indique suffisamment l'intérêt d'un pareil travail.

Août 1895

HISTORIQUE

Le cacaoyer ou cacaotier appartient à la famille des Buttné-
riacées : d'après Jussieu, le cacaoyer serait une Malvacée.

Cet arbre, originaire du Mexique et de plusieurs autres
contrées de l'Amérique du Sud, a été importé aux Antilles,
probablement par les Caraïbes.

La plupart des auteurs anciens affirment que le cacaoyer
est spontané aux Petites Antilles. Cette opinion, qui a été
adoptée par quelques écrivains modernes, ne résiste pas à un
examen attentif.

Le Père Du Tertre et le Père Labat, qui ont été les vulgari-
sateurs de cette idée, l'ont admise d'après les on-dit des Caraïbes et des Nègres, qui avaient trouvé des représentants de
cette espèce dans les endroits inexplorés de l'île.

Il est bon de remarquer que déjà, à l'époque où ces auteurs
écrivaient, les sauvages appréciaient fort le chocolat et culti-
vaient le cacaoyer sur le littoral.

Il est donc facile d'admettre que des graines aient été por-
tées dans le centre de l'île et aient germé. Le véhicule a pu
être aussi bien les hommes que les rats ou les oiseaux.

Quoi qu'il en soit, des personnes instruites, ayant une par-
faite connaissance de la Flore des Antilles, auxquelles les bois
de la Martinique et de la Guadeloupe sont familiers, m'ont
affirmé n'avoir jamais rencontré de cacaoyers à l'état sauvage.

La première cacaoyère fut plantée à la Martinique, en 1661,

par un Juif nommé Benjamin Dacosta qui s'était procuré des graines de la côte ferme.

Cette culture n'eut pas grand succès : le cacao ne trouvait pas de débouchés; on lui préférait le sucre, le tabac, l'indigo, le roucou, le coton, dont les droits d'entrée étaient moindres et le débit facile.

Mais vers 1684, le chocolat étant enfin venu à la mode, on songea sérieusement à cultiver les arbres qui produisent le cacao. Les plantations se multiplièrent, et pendant longtemps cette denrée compta parmi les plus importantes.

Malheureusement l'engouement qui se produisit pour la canne à sucre fit abandonner les cultures dites secondaires. On alla jusqu'à détruire des plantations de cacaoyers pour y substituer la canne à sucre.

Aujourd'hui, l'avilissement du prix du sucre tend à donner à ces cultures délaissées un nouveau regain d'actualité.

DESCRIPTION DE LA PLANTE

« Le cacaoyer qui n'est point cultivé vient fort grand, fort gros et fort branchu. On arrête celui que l'on cultive de manière qu'il n'excède pas 12 à 15 pieds de hauteur, non seulement afin d'avoir plus de facilité à cueillir le fruit, mais encore afin qu'il soit moins exposé au vent et au trop grand air : car c'est un arbre d'une délicatesse surprenante.

« Son écorce est brune, vive, mince et assez adhérente au bois, qui est blanchâtre, léger et poreux : il a ses fibres longues, droites, point mêlées, assez grosses. En quelque saison qu'on le coupe, on y remarque beaucoup d'humidité et de sève, ce qui peut venir aussi bien de sa nature que du terrain où il veut être planté, qui doit être de bon fond, frais et humide.

Dès qu'en taillant une branche, on n'y remarque pas une abondante sève, on peut compter que l'arbre n'a pas longtemps à vivre.

La feuille, longue d'ordinaire de huit à neuf pouces (1), a, dans sa plus grande largeur, un peu plus du tiers de sa longueur. Pointue par les deux bouts, elle est attachée aux branches par un pédoncule assez court. » (*Voyage aux îles de l'Amérique.*)

(1) J'ai vu des feuilles, rares il est vrai, qui avaient 60 centimètres de longueur.

Les feuilles sont simples et alternes ; les fleurs hermaphrodites, à cinq pétales, cinq sépales, cinq étamines, à ovaire supérieur qui se change en un fruit à cinq loges.

Les fleurs apparaissent depuis le pied de l'arbre et se ren-

Fig. 1. — Rameau et fleur de cacaoyer.

contrent jusqu'au tiers des grosses branches. On en voit quelquefois au bout des branches.

Le cacaoyer fleurit toute l'année : il est rare de le trouver sans fleur et sans fruit.

A la fleur succède un fruit dont la grosseur varie avec l'espèce. Il a été comparé à un concombre pointu par un bout, partagé par des côtes plus ou moins profondes, suivant la variété. On l'appelle *gousse* ou *cabosse*.

A l'intérieur de la cabosse se trouvent les amandes ou graines, reliées, par un hile, à un placenta central.

Fig. 2.
Gousse ou cabosse.

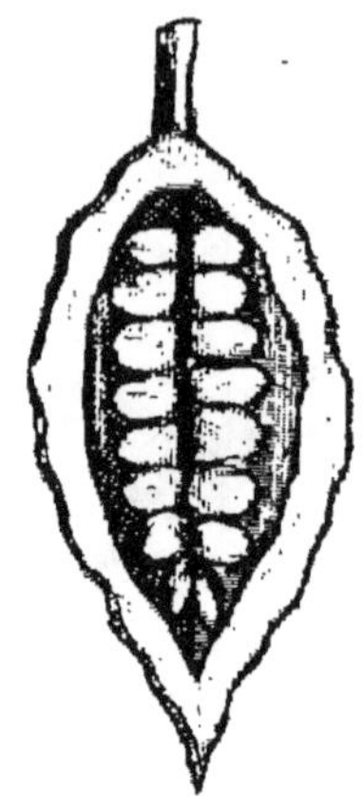

Fig. 3. — Gousse ouverte laissant voir la disposition des amandes sur le placenta.

Le nombre de ces graines varie suivant l'espèce du cacao. On y rencontre de trente à quarante-cinq graines.

Mes recherches personnelles m'ont donné :

Cacao créole long...................... 25 graines rondes.
   — rouge pointu.................... 31 —
   — jaune   — .... 35 —
   — jaune rond..................... 40 —

Le fruit mûr est composé % de :

Gousse verte........................... 75
Amandes non lavées.................... 25
                                    ————
                                   100

Mille gousses vertes pèsent brut : 469 kilogr.

Elles donnent 87 ^{kg}, 500 de graines fraîches.

Avec 40 % de déchet, elles donnent 52^{kg}, 700 de graines sèches.

Il faut neuf gousses 1/2 pour faire une livre. Le poids moyen des gousses est de 500 grammes et varie de 250 à 700 grammes suivant leur grosseur.

Les amandes fraîches sont entourées d'une pulpe blanchâtre, sucrée et non pas aigrelette comme l'affirment la majorité des auteurs. Ce goût aigrelet ne survient que lorsqu'il y a un commencement de fermentation.

La graine sèche, de belle qualité, est ronde, ou plutôt ovoïde : elle a de 2 centimètres à 2^c,5 de longueur sur 1 à 1^c,5 de largeur et pèse de 1 gramme à 1^{gr},25.

CULTURE

DES TERRES PROPRES AU CACAOYER

Le choix du terrain est essentiel dans l'établissement d'une cacaoyère : de ce premier point dépend l'avenir de toute l'exploitation.

La racine du cacaoyer, s'enfonçant verticalement dans le sol à une profondeur qui atteint facilement 1 mètre, a besoin d'une forte épaisseur de terre végétale. Car, dès que ce pivot a trouvé des bancs de rochers, des amas de pierres ou une couche d'humidité, il se recourbe sur lui-même ou pourrit, et l'arbre qu'il entretenait dépérit rapidement.

Ce trajet de la racine explique la non-réussite d'un grand nombre de plantations, dans lesquelles on a assisté avec surprise au dépérissement et à la mort de sujets qui, peu de temps auparavant, avaient toutes les apparences de la vigueur.

Aussi, je suis loin de partager l'avis de mon sympathique camarade, le Dr Drevon, qui conseille de planter le cacaoyer dans les points trop pierreux où la racine pivotante du caféier ne pourrait suffisamment se développer. (*Archives de méd. navale et coloniale,* t. LXII, p. 38.)

Pour le cacaoyer encore plus que pour le caféier, il faut une terre profonde et riche en humus : la présence de roches à la superficie du sol n'est pas une cause de rejet, mais il faut que ce ne soit qu'à la surface seulement que le sol soit rocailleux.

Il était de tradition ancienne que toute cacaoyère devait être établie dans une terre vierge. On allait jusqu'à dissuader de mettre les plants dans des terres qui avaient servi, même si elles s'étaient reposées pendant plusieurs années. Ces conditions qui, quoique draconiennes, pouvaient encore être réalisées au début de la colonisation, deviendraient de nos jours un impedimentum de premier ordre. Elles ne sont heureusement pas indispensables.

Dans les vallées, les terres doivent être profondes : dans les plaines, elles doivent avoir une certaine couche d'humus, comme dans toutes les alluvions déjà anciennes.

Lorsque les terrains sont en pente, qu'ils sont très fertiles, on peut planter même quand il n'y a que 40 à 50 centimètres de terre végétale, car le pivot de l'arbre suit la pente au lieu de s'enfoncer verticalement.

Avant tout, il faut éviter les terres constamment humides dans le sous-sol, si elles ne peuvent pas se dessécher à 1 mètre de profondeur au moins.

D'une façon générale, il faut une terre très riche en azote, pour que les jeunes plants puissent s'y développer rapidement. Plus tard, l'acide phosphorique et la potasse seront nécessaires : le calcaire n'est pas indispensable, mais il est utile ; en tous cas on peut y suppléer.

Toutes ces conditions ne se rencontrent guère à la Guadeloupe proprement dite. On les trouverait plutôt dans les grands fonds de la Grande-Terre où existaient jadis de fort belles plantations de caféiers et de cacaoyers.

Le sol y est riche et composé d'éléments nécessaires aux arbres : le calcaire s'y trouve en abondance. Mais il est probable que, dans bien des endroits au moins, les plants ont trouvé le tuf madréporique à de faibles profondeurs, ce qui expliquerait leur disparition de cette partie de l'île.

Il ne m'a pas été possible de savoir à quelle époque exacte la culture du cacaoyer a disparu de la Grande-Terre : cette date ne remonte pas à plus d'un demi-siècle.

C'est à la Guadeloupe proprement dite que se trouvent aujourd'hui les quelques plantations qui subviennent, depuis les trente dernières années, à la consommation locale et à l'exportation. Mais là encore, peu de terres sont propres à cette culture.

La zone comprise entre les Trois-Rivières et Deshaies, soit le Sud et l'Ouest de l'île, possède des vallées dont le sol fertile convient au cacaoyer. Cependant on ne peut guère estimer à plus de 2.000 hectares les terrains propres à ce genre de culture.

Celle-ci qui s'est développée considérablement, grâce aux encouragements prodigués par l'administration et la représentation locales, donnera d'ici quelques années de grandes déceptions. Car si le cacaoyer pousse partout, il est peu de terrains où il vive longtemps, s'il ne trouve pas les conditions énoncées plus haut.

Entre la commune de Deshaies et celle des Trois-Rivières, en passant par le Nord et l'Est, les essais de culture tentés depuis longtemps n'ont donné que des mécomptes, sauf dans de rares petits coins de terre, situés au fond des ravins, où l'humus s'est accumulé depuis des siècles.

Il arrive que le cacaoyer pousse très bien dans cette région, mais il ne porte pas et des nombreux essais tentés, entre autres par l'honorable M. Douillard, ancien maire du Lamentin, il ne reste rien.

Les amendements et les fumures modifieraient peut-être cet état de choses, mais étant donné le peu de résultats obtenus là où le sol semble le plus propice au cacaoyer, sous le vent de l'île par exemple, il est à craindre que les résultats soient nuls. A la Guadeloupe, l'altitude de 250 mètres semble un maximum qu'il ne faut pas dépasser dans la plantation d'une cacaoyère. Il ne faut pas non plus que la moyenne de la température soit inférieure à 25° centigrades.

TRAVAUX PRÉPARATOIRES

Toute cacaoyère doit être pourvue d'abris, qui seront provisoires et permanents.

Les premiers sont destinés à protéger la jeune plante au début de son existence, mais sont appelés à disparaître, lorsque l'arbre aura acquis la taille et la vigueur nécessaires pour résister aux influences extérieures, parmi lesquelles le soleil joue le principal rôle.

Les seconds doivent servir de couverture contre le vent.

Mais avant de songer à planter les abris, il est important de bien défricher le terrain, de le sarcler de très près pour pouvoir procéder facilement aux alignements des abris et des cacaoyers.

Étant donné que la distance entre les cacaoyers doit être, aux Antilles, de 3 mètres sur 4, il faut jalonner tout d'abord l'emplacement des arbres-abris de 8 mètres en 8 mètres dans un sens et de 9 mètres en 9 mètres dans l'autre.

Choix de l'abri. — Le choix de l'arbre qui doit servir d'abri n'est pas indifférent : mais je dois convenir que les avis sont partagés sur l'opportunité de telle ou telle espèce.

Abris permanents. — L'*immortelle géante* (*Erythrina indica*, Légumineuse papilionacée), surnommée par les Espagnols de l'Amérique du Sud *Madre del Cacao*, a certains inconvénients aux Antilles, où elle se couvre de parasites végétaux (Broméliacées) qui envahissent plus tard les cacaoyers. En outre, son bois n'a aucune valeur.

L'*acajou du pays* (*Cedrala odorata*), appelé encore acajou amer, et l'acajou de Saint-Domingue ou Mahogani (*Swietenia Mahogani*) résistent mieux aux parasites et acquièrent au bout de trente ou quarante ans une valeur considérable.

Tous ces arbres se dépouillent de leurs feuilles au moment où le cacaoyer a besoin de soleil.

Une méthode serait d'alterner les rangs d'abris en immortelles, mahoganis et acajous du pays, ce qui se fait beaucoup au Vénézuéla où on emploie encore une sorte de cèdre tenant le milieu entre l'acajou et le mahogani.

Abris provisoires. — Quand les arbres destinés à abriter les cacaoyers ont acquis un certain développement, au bout d'une année environ, il faut songer à planter les bananiers auxquels est dévolu le rôle d'abriter les jeunes arbres pendant les premières années.

A cet effet, on jalonne entre les rangs des arbres-abris et à 4 mètres (si c'est cette distance qu'on a choisie pour l'entre-deux des cacaoyers) l'emplacement des bananiers qui, dans le sens de la longueur des rangs, doivent être plantés à 1^m,50 de distance, 2 mètres au plus. Une fois les bananiers arrivés à hauteur d'homme, on doit jalonner les rangs des cacaoyers, en prenant toujours l'hypothèse d'une distance de 4 mètres sur 3 mètres ; laissant les arbres-abris à 2 mètres de distance des rangs de cacaoyers, de façon à ce qu'ils se trouvent en quinconce avec ces derniers.

Il est bon de remarquer que dans les vallées rapprochées des montagnes, où la pluie est fréquente et la température relativement fraîche, les cacaoyers n'ont pas besoin d'arbres-abris, mais seulement de bananiers pour la protection des jeunes plants pendant les deux ou trois premières années.

Dans ces conditions, il serait cependant opportun de faire des lisières, tous les 100 mètres, perpendiculaires aux vents régnants. Ces lisières peuvent être en immortelles, acajous ou mahoganis, ainsi qu'en pois doux (*Inga laurina*, Mimosées) ou en galbas (*Callophylum Calaba*, Guttifères).

Cette dernière essence est celle dont les sujets résistent le mieux aux grands vents et même aux cyclones : mais elle occasionne une grande perte de terrain, rien ne poussant dans le voisinage du galba jusqu'à 7 ou 8 mètres de son tronc.

Tous ces travaux préparatoires exécutés dans les conditions de temps déterminées d'autre part, on procède à la plantation des cacaoyers.

DE LA PLANTATION

Choix de l'espèce. — Depuis l'époque où écrivait le Père Labat (1700), les espèces de cacao se sont multipliées aux Antilles.

Cet écrivain, d'ordinaire assez exact, critique d'une façon acerbe les auteurs qui admettent différentes espèces de cacaos.

L'hybridation a donné naissance, à la Guadeloupe, à de nombreuses variétés.

La première introduite (indigène à la Martinique suivant le Père Labat) est le cacaoyer *créole*, arbre vigoureux, d'une pousse rapide, à feuilles relativement petites, portant des petits fruits ronds, verts jusqu'au moment de la maturité où ils deviennent jaune d'or.

Ces fruits bien pleins ne renferment que des graines plates qui, quel que soit le soin apporté à la préparation, restent âcres et à cassure violette. Cette espèce porte beaucoup ; il n'est pas rare de voir des arbres avoir à la fois plus de deux cents gousses mûres ou prêtes à mûrir.

Fig. 4. — Cacao créole mûrissant jaune.

Vient aussi une autre variété dite aussi *créole*, ayant le bout inférieur de la gousse un peu pointu. Elle n'offre pas avec la précédente de différence sensible dans le rapport, les fruits et la qualité.

Toutes les autres espèces sont connues à la Guadeloupe sous le nom de *cacao Cayenne*, appellation fort impropre du reste.

Elles sont nombreuses.

1° Gros arbre à grandes feuilles portant d'énormes gousses, renfermant relativement peu de graines plates. Les deux bouts de la cosse sont ronds; la couleur à maturité est rouge avec stries jaunâtres au fond des sillons qui séparent les côtes. Qualité très ordinaire.

2° Même arbre en apparence portant de grosses gousses complètement jaunes à la maturité. Qualité médiocre, rapport moyen.

3° Même arbre portant de grosses gousses dont le bout inférieur est pointu, assez pleines de graines plates. Qualité médiocre, mais supérieure aux précédentes. Rapport moyen.

4° Même arbre portant des gousses rondes assez pleines de graines commençant à devenir rondes, mûrissant gris-vert. Assez bonne qualité. Rapport moyen. Les indigènes l'appellent *cacao ladre*.

5° Gros arbre bien vigoureux portant des gousses longues, pointues, à sillons profonds. Le fruit, vert avant maturité, est jaune pâle quand il est mûr : la gousse bien pleine contient des graines rondes. Bon rapport.

6° Bel arbre à feuilles ordinaires, plutôt petites, portant des gousses rouges, dès qu'elles sont nouées, mûrissant rouge lie de vin, à bout inférieur effilé, mais rond à sa terminaison; graines demi-rondes d'assez bonne qualité. Moyen rapport.

7° Même arbre. Les gousses, qui ont la même forme que l'espèce précédente, mûrissent jaunes. Moyen rapport.

8° Bel arbre, vigoureux, grandes feuilles, gousses très longues, pointues dans le bout inférieur, bien pleines de graines rondes à côtes profondes pleines d'aspérités, rouges dès le début, mûrissant rouges. Très bon rapport. Ressemble beaucoup à la sorte dite *Margariteno* au Vénézuéla. Une des bonnes espèces à choisir pour les semis.

9° Bel arbre, vigoureux, dont les feuilles sont plus petites

que celles de *l'espèce* précédente. Les gousses à côtes peu pro-
noncées nouent rouge, mûrissent rouge, ont le bout inférieur
très pointu ; elles sont remplies de graines rondes. Cette
espèce se rapproche beaucoup du *criollo* Vé-
nézuélien. Bonne qua-
lité, rapporte beaucoup.

Ces deux espèces, qui existent un peu partout, semblent d'introduction assez récente et n'ont pas eu le temps de s'hy-brider. De 1890 à 1894, elles ont été introduites à nouveau par les soins de la mission envoyée au Vénézuéla.

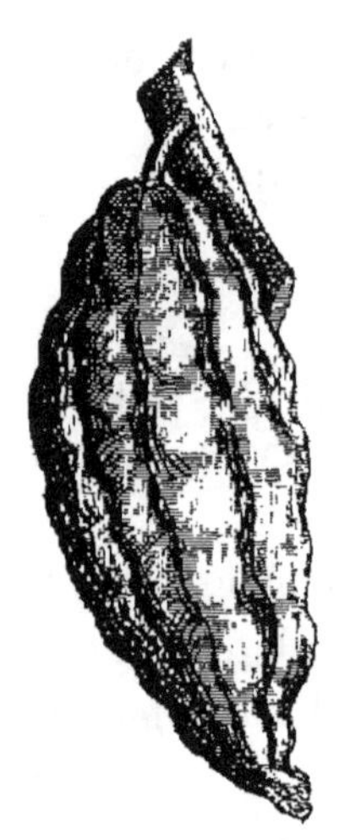

Fig. 5. — Margariteno.

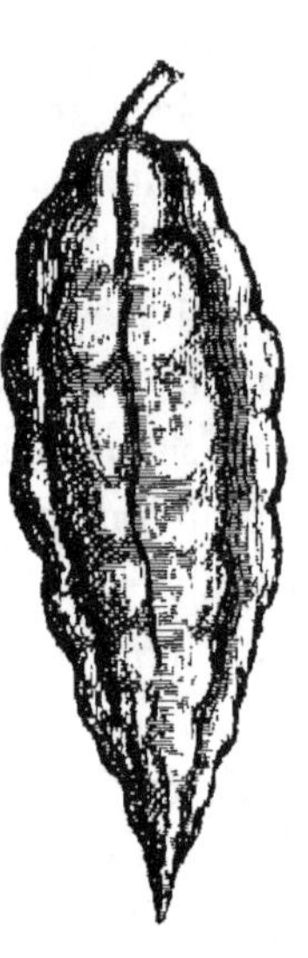

Fig. 6. — Criollo.

10° Très bel arbre à grandes feuilles, peu fructifère, portant des gousses longues, mais non pointues
dans les bouts, mûrissant rouge pâle. Le fond des côtes est
jaune : les gousses sont de la grosseur d'un petit melon. Apparence très attrayante : déception complète au rapport : graines
plates. La gousse est presque vide, étant donné sa taille : elle
ne contient pas plus de graines qu'un cacao créole. Mauvaise
espèce.

Enfin et pour finir, car il serait impossible de décrire toutes
les espèces qui existent et qui n'ont entre elles que des diffé-
rences insignifiantes, il y a le cacaoyer dit *mâle*, à petites
feuilles : arbre vigoureux, presque toujours en fleurs, mais
ne donnant jamais de fruits. Il serait intéressant de rechercher
si quelques sujets de cette espèce ne seraient pas utiles dans
une plantation.

Le meilleur choix à faire serait le *Margariteno* ou le *Criollo*,
ou du moins les espèces qui semblent s'en rapprocher le plus
(8° et 9°). Ces arbres rapportent autant que le cacaoyer créole :

leurs gousses toujours pleines ont des graines de première
qualité auxquelles il suffit de quelques jours de fermentation
pour atteindre la perfection comme aspect extérieur et comme
cassure (ce que l'on n'obtient pas avec le cacao créole).

Des sujets de cette espèce, adultes, plantés dans un bon sol,
semblent pouvoir donner une moyenne de cent gousses au
moins par année, soit soixante à soixante-dix pour une récolte, et trente à quarante pour l'autre. Des planteurs dignes
de foi assurent qu'ils ont cueilli plus de trois cent cinquante
gousses sur certains arbres qui devaient se trouver dans des
conditions exceptionnelles de fertilité du sol et d'entretien. Il
ne faut jamais compter sur une semblable moyenne.

Moment de planter. — Dans les terres neuves, c'est-à-
dire celles qui étaient en forêts avant la mise en culture, il
suffit de s'assurer qu'il n'existe pas de roches au-dessous du
lieu choisi pour mettre la graine. Un trou de 33 centimètres
de diamètre suffit.

Après l'avoir bien vidé, il faut le remplir avec de l'humus
et le débris des sarclages. Quand la terre s'est bien affaisée
et qu'on juge les détritus suffisamment pourris, on peutmettre
les graines en terre.

Dans les terrains qui ont déjà reçu d'autres cultures, on ne
saurait fouiller de trop grands trous ; un mètre de diamètre
et cinquante centimètres de profondeur neseraient pas exagé-
rés. On les remplit à plusieurs reprises avec les herbes des
sarclages, il est même utile d'y mêler autant qu'on le peut,
du bon fumier de ferme.

Puis on procède à la mise en terre des graines, quand on
est bien certain que tout est réduit : un peu d'affaissement
dans le sol du trou n'est pas nuisible : cela aide même à chaus-
ser les jeunes plants au fur et à mesure de leur développement, ce qui est une bonne opération qu'il ne faut jamais
exagérer au point de faire une butte autour du plant.

Après avoir cueilli huit jours à l'avance le nombre nécessaire de fruits ou cabosses de l'espèce qu'on a choisie, on
profite autant que possible d'un jour pluvieux pour planter.

A cet effet, on casse les gousses et on choisit les plus belles graines, rejetant celles qui sont mal développées, ce qui se rencontre assez fréquemment. Dans chaque trou, devant ou derrière le piquet ou jalon, on place trois amandes (1) à 12 ou 15 centimètres de distance et en triangle, en les enfonçant de 2 centimètres en terre, le bout adhérent au milieu de là gousse (sorte de hile que les nègres appellent boudin) *placé en bas.* C'est de ce hile que doit sortir le germe.

On recouvre la place des graines d'un morceau de feuille de bananier sur lequel on jette un peu de terre pour l'empêcher d'être déplacé par le vent. Au bout de huit jours, les graines commencent à germer et il faut enlever la feuille de bananier. Du huitième au quinzième jour, toutes les graines doivent être poussées, si le temps a été humide. Au quinzième jour, il faut remplacer les graines qui ont manqué. La plantation doit être faite deux ou trois jours avant ou après la pleine lune. Les cacaoyers plantés à cette phase de la lune poussent très bien et portent des fruits très vite. Naturellement, on ne peut pas choisir le moment pour remplacer les graines qui n'ont pas poussé : cette opération, appelée *recourage,* se fait quand on le peut et quand le temps le permet.

Je ne saurais trop insister sur l'importance qu'il y a à surveiller la mise en terre des amandes. Il est de toute nécessité que le hile, point par où doit sortir le germe, soit tourné du côté du centre de la terre, sans quoi la tige sort en cerceau, et le plant est perdu.

Quelques planteurs font des pépinières dont ils mettent les sujets en terre à l'âge de huit à douze mois. Ce mode est défectueux; il n'est pas facile, en effet, de déplacer avec toutes ses radicelles et surtout son pivot intacts un plant dont le che-

(1) Un auteur anglais dont le nom m'échappe vient récemment, dans une Revue agronomique de la Jamaïque, de combattre cette façon de procéder. Il recommande la mise en terre d'une seule graine qu'on remplacerait au besoin si elle n'avait pas poussé. Cet écrivain affirme que l'intromission de plusieurs graines dans le même trou est plutôt nuisible.

velu est très délicat et dont le pivot peut avoir, à ce moment,
30 à 35 centimètres de long : étant donné surtout qu'il faut
une terre très meuble pour y faire pousser les plants dans de
bonnes conditions, on risquerait alors de léser le pivot, qui est
l'organe essentiel du cacaoyer.

FLORAISON ET FRUCTIFICATION

Dans une plantation faite dans les conditions indiquées et bien venue, les jeunes arbres commencent à fleurir à deux ans, mais aucune des fleurs ne noue avant la troisième année. Une expression créole rend bien l'aspect du cacaoyer au moment où il va fleurir : *Il est boursouflé*. En effet, à tous les points où doivent apparaître les fleurs, l'écorce montre un renflement assez sensible à l'œil.

De ce moment à celui de l'apparition des boutons, il se passe huit à quinze jours, selon le temps plus ou moins humide qui règne.

Le bouton apparaît enfin comme une très petite tête d'épingle, souvent en bouquets. De la naissance du bouton à l'épanouissement de la fleur, il se passe environ quinze jours, plus même, si le temps est très sec.

Du milieu des étamines naît le petit fruit, deux ou trois jours après l'épanouissement complet de la fleur.

Le fruit atteint, dans les deux semaines qui suivent, 2 centimètres de long et 8 à 12 millimètres de diamètre. C'est alors que commence le *coulage* des fruits, qui nouent par centaines à la fois et dont il ne reste à peine que le dixième, nombre suffisant pour faire une bonne récolte. Les fruits continuent à couler pendant tout le mois qui suit leur formation, jusqu'à ce qu'ils aient atteint la grosseur d'un œuf de poule (7 à 8 centimètres de long). Passé cette taille, le coulage est à peu près nul, mais il arrive cependant que des gousses arrivées à leur entier développement avortent avant la maturité. Si toutes les fleurs nouaient et tous les fruits tenaient, il y en aurait plusieurs milliers par arbre adulte : à chaque floraison les arbres se couvrent de fleurs du haut en bas.

On peut dire que le cacaoyer est en fleurs toute l'année et que toute l'année des fruits nouent et arrivent à maturité, mais ce n'est qu'à certaines époques que se préparent les récoltes. On en compte deux par an : la récolte dite de Noël, dont la floraison a lieu du mois de juin au mois de septembre, ce qui n'empêche pas que dès avril et mai, les arbres se couvrent déjà de fleurs, et la récolte dite de carême, qui a lieu de mars à fin juin. Pour cette récolte, les fleurs apparaissent dès janvier, puis continuent en février et mars. Entre le moment où le fruit commence à poindre et sa maturité complète, il se passe environ trois mois. Mais le fruit mûr peut rester sur l'arbre pendant un ou deux mois sans s'altérer.

SOINS A DONNER AUX PLANTATIONS

Au moment de leur germination, les graines sont attaquées souvent par les fourmis. Pour éviter ce danger, on mélange de la cendre aux graines, mais ce mélange a l'inconvénient d'empêcher de reconnaître le côté qu'il faut mettre en terre. Il est préférable de combattre les fourmis en remuant profondément le sol et en le couvrant de cendre de fumier de porc ou de toute autre matière pouvant chasser ces insectes.

Sarclage. — Dès que les graines sont levées, il faut tenir le jeune plant à l'abri des herbes en sarclant à 15 ou 20 centimètres de rayon et en augmentant ce rayon au fur et à mesure du développement de la plante. C'est avec la main seule qu'il faut procéder aux sarclages, qui dans les premiers temps doivent avoir lieu tous les quinze jours au moins.

Lorsque l'espace sarclé est d'une certaine étendue, on peut employer la houe, loin du plant, sans jamais laisser l'instrument toucher les racines traçantes de l'arbre.

Irrigation. — Le cacaoyer aime l'humidité, surtout pendant son jeune âge, alors que ses racines ne vont pas encore bien profondément dans le sol y chercher la fraîcheur; mais il ne faut pas que l'humidité soit constante. Si on emploie l'irrigation pour la produire, il importe que le sol soit bien drainé, naturellement ou artificiellement.

Dans les plaines, qui à la Guadeloupe proprement dite, sont généralement des terres d'alluvions, l'irrigation est indispensable. Cette sorte de sol se dessèche vite, et le cacaoyer, pendant sa première et même sa seconde année, doit être arrosé tous les huit jours durant les fortes sécheresses. A cet effet, il faut diviser le terrain en bandes parallèles, autant que possible, et dans le sens où il y a le moins de pente. Les canaux destinés à amener l'eau dans chaque bande peuvent être creusés à 6 ou 8 mètres de distance. En les plaçant plus éloignés les uns des autres, on risquerait de dégrader le terrain.

Une femme peut arroser un ou deux hectares par période de six jours de travail, selon la perméabilité du sol et la quantité d'eau dont elle dispose. Cette opération demande la plus grande surveillance quand les arbres sont jeunes. Il ne faut ni les laisser déchausser par l'eau, ni les laisser enfouir. Au fur et à mesure que les arbres grandissent, l'irrigation devient plus facile et peut être moins fréquente. Plus facile, parce que le chevelu des racines traçantes maintient la terre et la défend contre l'arrivée trop violente de l'eau ; moins fréquente, car les arbres et leurs abris finissent par couvrir le sol qui est lui-même jonché des feuilles que le cacaoyer jette toute l'année et qui par suite empêchent l'évaporation. Quand le cacaoyer a sept ou huit ans, un bon arrosage par mois suffit.

L'irrigation par imbibition serait préférable, mais tous les sols ne s'y prêtent pas et la préparation de ce système d'irrigation est fort coûteuse.

Drainage. — Le cacaoyer, tout en aimant les terres humides, dépérit et finit par mourir là où l'humidité est constante.

Dans les terres à fond constamment humide, comme celles situées à peu d'élévation au-dessus du niveau de la mer, le pivot de l'arbre finit par pourrir ; le même accident se produit dans les terres plates ou dans les cuvettes à fond argileux où le drainage est très difficile : il faut y fouiller des canaux à ciel ouvert atteignant la profondeur à laquelle se trouve la couche argileuse et en faire autant qu'il le faut, même entre les deux rangs d'arbres, en les dirigeant tous vers la partie la plus profonde du terrain dans laquelle on creusera un grand canal collecteur. Préalablement à la plantation il faudrait même fouiller les trous de façon à descendre plus bas que la couche argileuse, qui est presque toujours superposée à une couche perméable de sable ou de terrain rocailleux; si on ne trouve pas ces conditions, il vaut mieux ne pas planter, car les cacaoyers seraient destinés à périr tôt ou tard. Le drainage, tel qu'il se pratique en Europe, ne paraît pas avoir été essayé et donnerait sans doute de bons résultats. Dans les terres basses situées un peu au-dessus du niveau de la mer, il faut d'abord s'assurer que l'endroit où doit être faite la plantation est au minimum de deux à trois mètres au-dessus des plus hautes marées. Cela fait, tracer un ou plusieurs grands canaux collecteurs se déversant à 50 ou 60 centimètres au moins et même 1 mètre au-dessus du niveau de la mer, afin d'éviter leur obstruction, quand la lame est forte et brise à la côte en y amenant du sable ou des roches qui boucheraient l'ouverture des canaux.

Puis, selon le plus ou moins d'humidité du sol, tracer entre les rangs des cacaoyers, tous les 8, 12 ou 16 mètres, des canaux d'au moins 1 mètre de profondeur, en donnant aux parois une déclivité indiquée par le degré de compacité du terrain afin d'éviter les éboulements. Il faut avoir soin de laisser une légère pente au fond des canaux, de façon à amener l'écoulement permanent des eaux. S'ils étaient à fond absolument horizontal, l'eau y séjournerait tant soit peu et le but poursuivi ne serait pas atteint, la stagnation des eaux pourrissant la terre qui, à son tour, communiquerait la pourriture aux racines inférieures des cacaoyers.

Dans certaines plaines très propres à la plantation des cacaoyers, il arrive qu'on a souvent à irriguer la première couche du sol pour permettre la pousse des jeunes plants, alors que le sous-sol est naturellement humide et aurait même besoin d'être drainé, lorsque les racines atteindront 50 à 60 centimètres de profondeur. Le drainage n'a besoin de se faire que vers la seconde année, mais toujours avant que les

arbres ne commencent à dépérir à cause de l'humidité souter -
raine.

Si le desséchement du sous-sol tardait trop et ne s'effec-
tuait qu'alors que les plants auraient déjà souffert, il vaudrait
mieux renouveler les plantations, étant donné, ce qui doit
être presque considéré comme un axiome, qu'un *cacaoyer qui a
souffert dans son enfance ne fait jamais un bel arbre de rapport*. Pour éviter ce danger, il est donc prudent d'effectuer le
drainage dès la première année de la plantation.

La terre retirée des canaux doit être étendue dans les car-
reaux, le plus régulièrement possible en épaisseur. Cette augmentation de la couche superficielle ne nuit pas aux cacaoyers,
qui supportent bien d'être chaussés et enterrés, mais il faut
éviter de butter les plants de façon à former un petit mon-
ticule à leurs pieds. Tôt ou tard cette terre s'affaisserait par
suite des sarclages et des pluies, et les racines se trouve-
raient à découvert.

Taille des arbres. — On ne doit pas négliger de tailler
les arbres, soit que les branches s'étendent trop en largeur et
gênent les voisins, soit qu'elles soient malades. Cette opération doit se faire après la récolte de carême, avant la saison
des pluies. Quand on coupe une branche, il faut que la cou-
pure soit bien franche, qu'elle soit faite plus bas que le point
malade, afin que la section se trouve dans du bois vigoureux : il faut mettre de côté le sécateur qui écrase la partie
qu'il attaque et lui préférer une lame tranchante en forme
de serpette.

AMENDEMENTS ET ENGRAIS

Lorsque les cacaoyers ont atteint une certaine hauteur, l'herbe ne croît plus au-dessous, mais le sol est jonché de feuilles qui forment un épais matelas. Pour deux raisons, il est indispensable de ramasser ces feuilles, d'abord pour laisser respirer le sol; ensuite ces feuilles rassemblées en tas entrent plus vite en décomposition et fournissent au sol un excellent amendement. L'enfouissement des herbes au moment des sarclages est une très bonne opération qui donne à la terre la plupart des éléments dont elle a besoin, mais surtout l'azote.

Je crois utile de reproduire les résultats obtenus par M. Bonâme dans le but de déterminer le prélèvement fait au sol par une récolte donnée, et les éléments qui peuvent lui être restitués par les gousses, qui constituent en poids les 75 % de la récolte totale. Je ne fais que transcrire ce qui a été écrit par l'ancien directeur de la station agronomique de la Pointe-à-Pitre.

Composition centésimale des cendres. (BONAME.)

	AMANDES.	GOUSSES.
Acide phosphorique.	26.06	3.18
— sulfurique	4.43	3.53
Chlore..	0.35	0.42
Chaux.	3.83	4.74
Magnésie.	12.80	5.79
Potasse	39.81	54.47
Soude.	1.26	4.83
Oxyde de fer.	0.30	0.16
Silice	traces.	0.46
Acide carbonique	11.16	22.42

La presque totalité des cendres de l'enveloppe des graines est constituée par du carbonate de potasse et les cendres de la graine contiennent en très grande proportion de la potasse, de l'acide phosphorique et de la magnésie.

Matières minérales contenues dans 1.000 kilog. (Boname.)

	DE MATIÈRE VERTE		DE MATIÈRE SÈCHE	
	AMANDES.	GOUSSES.	AMANDES.	GOUSSES.
Acide phosphorique.	3.127	0.458	7.066	2.356
— sulfurique	0.532	0.510	1.200	2.615
Chlore	0.042	0.060	0.094	0.311
Chaux.	0.460	0.683	1.038	3.511
Magnésie	1.536	0.834	3.468	4.289
Potasse	4.777	7.843	10.788	40.372
Soude.	0.151	0.695	0.341	3.578
Oxyde de fer.	0.036	0.023	0.081	0.118
Silice	»	0.066	»	0.340
Acide carbonique.	1.339	3.228	3.024	16.610
Matières minérales totales. . . .	12.000	14.400	27.100	74.100
Azote	8.100	1.600	18.300	8.230

« Les fruits entiers contiennent 25 % d'amandes vertes à 44,39 % de matière sèche, soit 12 kil. 300 de graines à 10 % d'eau par 100 kil. de fruits. La proportion d'amandes sèches contenue dans les fruits est donc au poids des gousses et des fruits entiers dans le rapport suivant :

	Amandes vertes.	Gousses vertes.	Fruits entiers verts.
	Kil.	Kil.	Kil.
100 kilogr. d'amandes sèches correspondent à.	226	678	904
100 kilogr. d'amandes à 10 % d'eau correspondent à. . .	203	610	813

« Il faut donc environ 8.130 kilogr. de fruits tels qu'ils sont récoltés pour produire une tonne de cacao marchand à 10 % d'eau ; les matières minérales contenues dans une semblable récolte seront donc de :

	AMANDES.	GOUSSES.	FRUITS ENTIERS.
	Kil.	Kil.	Kil.
Acide phosphorique.	6.348	2.794	9.142
— sulfurique	1.080	3.111	4.191
Chlore	0.085	0.366	0.451
Chaux	0.934	4.166	5.100
Magnésie	3.118	5.087	8.205
Potasse.	9.697	47.842	57.539
Soude	0.307	4.240	4.547
Oxyde de fer	0.073	0.140	0.213
Silice.	traces	0.403	0.403
Acide carbonique	2.718	19.691	22.409
Matières minérales totales	24.360	87.840	112.200
Azote.	16.240	9.760	26.000
	Kil.	Kil.	Kil.
Poids de la récolte fraîche.	20.30	6.100	8.130
Poids de la récolte sèche.	9.00	1.180	2.080

« Chaque tonne de cacao exporté prélève donc dans le sol 112 kil. 200 de matières minérales dont 57 kil. 500 de potasse.

« Cette potasse est complètement perdue pour la culture si on n'utilise point les gousses et si on les laisse perdre dans les halliers comme il arrive trop souvent.

« Si au contraire on recueille soigneusement tous ces débris pour les employer à la fumure de la cacaoyère, cette culture est peu épuisante, et dans ce cas on n'exporte plus que 6 kilogr. d'acide phosphorique, 16 d'azote et 9 de potasse.

« La gousse contient cinq fois plus de potasse que l'amande proprement dite, elle contient également davantage de magnésie et de chaux, mais une plus faible quantité d'acide phosphorique et d'azote. »

Les essais de fumure qui ont été tentés dans certaines exploitations (bien rares, il faut l'avouer) ne semblent pas avoir donné des résultats bien concluants. Il est probable que l'arbre prend dans l'atmosphère une grande partie de l'azote dont il a besoin, sans compter ce qu'il obtient de l'enfouissement des herbes et des feuilles qui pourrissent.

Les fumures à l'acide phosphorique à raison de 150 kil. assimilables par hectare et celles à la potasse en raison de la même quantité assimilable n'ont pas produit d'effets appréciables.

La chaux n'est pas indispensable au cacaoyer, mais elle lui est utile. Les terres de la Guadeloupe proprement dite, sauf le massif du Houëlmont, sont complètement dépourvues de calcaire. Ce défaut peut se corriger par l'épandage de 40 à 50 hectolitres de chaux par hectare. L'efficacité du chaulage ne se fait guère sentir qu'au bout d'un an.

Tourteau de coton. — Cet engrais a été employé avec beaucoup de succès pour la fumure d'arbres dont la pousse laissait à désirer. Il agit surtout par le phosphate de chaux et l'azote qu'il contient et non par l'huile, comme on serait tenté de le croire. L'action du tourteau de coton est passagère; elle donne à l'arbre un coup de fouet qui doit être suivi d'une nouvelle fumure soit avec de l'engrais de ferme, du phosphate ou du sulfate de chaux.

Engrais de ferme. — L'engrais de ferme doit être préféré à tous les engrais chimiques possibles, qui ne devraient être employés que comme adjuvants du premier. En outre de l'avantage de ne pas épuiser le sol, mais de lui donner au contraire l'humus, l'engrais de ferme contient tous les éléments minéraux et organiques nécessaires à la vie du cacaoyer. Pour s'en rendre compte, il suffit de jeter les yeux sur la composition d'un échantillon.

	État humide.	État sec.
Matières minérales	44.2	236.7
Dont acide phosphorique	1.9	10.1
Potasse	2.3	12.3
Chaux	3.9	20.9
Soude	0.6	3.2
Matières organiques	14.22	763.3
Dont azote	4.00	21.8

(BONAME.)

Malheureusement en vertu de cette tendance de ne jamais trouver bon ce que l'on a sous la main, on s'adresse de préférence aux engrais concentrés, plus faciles assurément à manier, mais moins économiques et moins efficaces.

Guanos. — Le guano a été rarement employé, partout il a été plutôt nuisible qu'utile.

MALADIES DU CACAOYER ET DE SES ABRIS
ANIMAUX ET INSECTES NUISIBLES

J'ai dit déjà que les amandes sont attaquées au moment de leur germination par les fourmis, et j'ai indiqué divers moyens d'obvier à cet inconvénient. Il en est un autre qui consiste à ne pas casser les gousses qui doivent donner les graines destinées au semis, sitôt qu'on les a cueillies. Les fourmis sont très friandes de la pulpe blanchâtre et sucrée qui enveloppe les amandes : lorsque la gousse a été cueillie depuis quatre ou cinq jours, il s'y développe une fermentation qui, rendant aigrelette cette substance blanchâtre, en éloigne les fourmis.

Quand les deux premières feuilles sont développées, jusqu'au moment où le plant a acquis 2 à 3 millimètres de diamètre, il est attaqué par les criquets, sauterelles, etc., qui coupent le haut de la tige, et aussi par d'autres insectes qui la coupent au ras de terre. Rien à faire sinon de replanter avec persévérance.

Les bananiers qui servent d'abri pendant l'enfance des cacaoyers sont atteints d'un ver blanc, espèce de borer, qui les étiole et souvent les fait mourir. Les sortes de bananiers les plus sujettes à la maladie sont le reybaud, appelé vulgairement raimbau, le figuier nain, le figuier sucré. La *bacove* ou bacome résiste mieux jusqu'à présent, mais l'espèce qui est la plus rustique et la moins attaquée est celle dite Poteau à la Guadeloupe. Son fruit a moins de valeur que celui des autres espèces.

L'immortelle géante n'est atteinte jusqu'à présent d'aucune maladie, et n'a que l'inconvénient de se couvrir de parasites.

Le mahogani, de récente importation aux petites Antilles, est indemne du puceron noir, qui, au contraire, couvre les acajous du pays et en détruit un grand nombre. Seuls les vieux arbres résistent, mais les acajous de un à sept ans sont presque tous malades.

Quand un arbre-abri meurt, les cacaoyers souffrent et meurent quelquefois. Aussi faut-il se hâter de remplacer les sujets qui disparaissent. Là où les acajous ont péri, on peut essayer l'immortelle géante dont la croissance est fort rapide.

Le cacaoyer est atteint de diverses maladies.

Le borer. — La larve s'introduit dans la moelle des jeunes arbres et les fait mourir. La destruction est impossible, s'il a fait élection de domicile dans le tronc, au ras de terre, ce qui est le cas le plus fréquent. Si c'est dans une branche, il n'y a qu'à la couper et à la brûler tout de suite, tout comme il faut brûler l'arbre tout entier si on est forcé de l'arracher. Pour le remplacer, il faut fouiller un trou profond et large, retirer toutes les racines du cacaoyer malade qui pourraient renfermer des larves de borer, les brûler aussi puis chauler fortement ou flamber le trou. La terre qui est remise dans le trou doit être bien chaulée.

Un fort chaulage combat assez bien l'invasion du borer. Aussi dès qu'une tache se manifeste, il faut répandre de la chaux à raison de 100 à 150 hectolitres à l'hectare dans toute la partie attaquée et même dans un périmètre de 7 à 8 mètres au delà. Une abondante fumure donnée aux arbres les sauve fréquemment. L'insecte se trouve étouffé par une végétation exubérante, grâce à laquelle l'extérieur des conduits qu'il a percés peut se boucher.

L'arbre se dessèche dans le bout de ses branches. — Cet effet est dû soit à trop d'humidité aux racines, soit à une trop forte sécheresse. Le remède est tout indiqué :

dessécher ou arroser, et tailler les branches mortes comme il est dit ailleurs. La serpe provençale est un excellent outil pour cela, ou même le coutelas que le travailleur du pays manie très bien.

Les parasites végétaux envahissent les cacaoyers qui se dessèchent, sans pour cela en mourir, et ne portent que peu ou pas de fruits. Il n'y a qu'à les nettoyer.

Les fourmis envahissent les racines et le tronc au ras de terre. L'écorce de l'arbre et des racines est rongée comme une dentelle irrégulière, l'arbre se dessèche très vite et meurt. Tant que tout le pourtour du tronc n'est pas dévoré, on peut sauver le sujet, en fouillant tout autour, de façon à mettre à nu le tronc et les grosses racines et en les saupoudrant avec des poudres insecticides, du soufre, de la cendre mélangée à de l'acide phénique, etc.

Les arbres reçoivent des coups de soleil, s'ils sont mal abrités. L'écorce devient noire, se fendille, l'arbre finit par mourir. Il y a peut-être une autre cause que le soleil à cet état.

L'arbre dépérit indépendamment des causes énoncées ci-dessus. — Il est alors certain que le pivot a touché une roche, une couche de galets, du tuf imperméable ou une zone humide. Il faut se résoudre à planter dans de meilleures conditions.

Enfin, et sans cause apparente, malgré toutes les recherches qu'on peut faire, des taches d'arbres malades se forment et petit à petit les arbres voisins se prennent. Tout finit par mourir sans que rien ne puisse indiquer la raison de la mortalité, qui s'arrête d'elle-même après avoir fait plus ou moins de ravages.

Rats. — Jusqu'à l'introduction des mangoustes à la Guadeloupe (1889), les rats dévoraient la moitié des récoltes sur les habitations où on n'avait pas soin de les empoisonner, et c'était presque la généralité. Ce fléau a beaucoup diminué et finira par disparaître à peu près, car la mangouste s'est acclimatée en dépit des préjugés qui existaient contre elle.

Dans les plantations limitrophes des grands bois, il n'était pas rare de trouver un cacaoyer ayant cinquante ou soixante gousses semblant mûres, mais vidées par les rats, qui ne touchent pas à la graine, mais la retirent de la cabosse pour en sucer la pulpe sucrée. Il faut pousser à la propagation des mangoustes, empoisonner sans cesse les rats, (qui chassés par les mangoustes se réfugient dans les arbres) avec des produits végétaux (figues, bananes, mangues), auxquels les mangoustes ne touchent pas, car, jusqu'à présent du moins, elles sont essentiellement carnivores.

Crabes. — Les crabes de terre sont aussi un danger pour les jeunes plants. Dans les bas-fonds où se rencontrent ces crustacés, il faut avoir soin d'entourer les petits cacaoyers. On s'en défait en les empoisonnant, ou mieux en les prenant avec des pièges. Ce dernier moyen permet de les utiliser comme comestibles : ils constituent un mets excellent.

Poux de bois. — Les poux de bois envahissent quelquefois les arbres, mais ils sont faciles à détruire par les moyens ordinaires.

RÉCOLTE DU CACAO

Nous avons déjà vu que le cacaoyer donnait deux récoltes par an, l'une de mars à juin dite de carême, l'autre, d'octobre à décembre dite de Noël. Dans une cacaoyère dont les arbres sont arrivés à l'âge adulte, la récolte de fin d'année est considérée comme triple de celle de carême. Mais cette relation, loin d'être constante, n'existe pas pour les jeunes arbres dont la croissance n'est pas terminée. L'inverse souvent a lieu : il arrive que les arbres de cinq à huit ans donnent beaucoup plus de fruits de mars à juin que d'octobre à décembre. Tout cela est toutefois subordonné au temps, au plus ou moins de sécheresse, etc.

Le cacao peut, sans inconvénient, rester sur l'arbre pendant un mois ou deux après sa maturité complète. Il est cependant préférable de cueillir aussitôt que le fruit est mûr, pour ne pas épuiser les arbres. La couleur des gousses mûres varie à l'infini. La plupart sont jaunes, rouges avec des stries jaunes, rouges tirant sur le jaune, rouge ponceau. Seule l'habitude peut servir de guide pour une bonne cueille. Il est important cependant pour la fermentation de ne cueillir que des fruits bien mûrs : s'il en était autrement, on ne parviendrait pas à obtenir la coloration externe et interne nécessaire pour que le produit soit bien marchand.

Cueillette. — Dans beaucoup d'exploitations (il n'y en a pas beaucoup à la Guadeloupe de considérables, car toutes les cacaoyères antérieures à 1887 varient entre un dixième d'hectare et 3 ou 4 hectares au maximum), la cueillette se fait en tordant le pédoncule de la gousse, jusqu'à ce qu'il cède. Souvent, dès la première torsion, on arrache le fruit, qui vient avec une lanière d'écorce. Inutile d'insister sur le mauvais effet d'une semblable manière de récolter. Pour bien cueillir le cacao, chaque homme ou femme doit être muni d'une serpette à main, à bouts recourbés, et d'une serpette emmanchée sur une tige de 2 mètres, formant croissant opposé dans le haut et dans le bas, de façon à ce qu'en poussant l'outil ou en l'attirant, il puisse couper la tige de la gousse. Ce procédé s'applique aux fruits qui se trouvent hors de la portée de la main : la serpette à main suffit pour ceux qui se trouvent sur le tronc et sur les branches basses. Chaque cueilleur est muni d'un panier ou d'un sac dit *houmba*, qu'il remplit et va vider dans les chemins qui séparent les pièces et qui doivent être tracés tous les 100 mètres environ pour faciliter les travaux de cueille, de sarclage et d'arrosage. Le produit de la cueille d'une pièce étant réuni en deux, trois ou quatre tas suivant son importance, on procède au cassage. S'il n'y avait à redouter les vols et aussi l'embarras qu'occasionnerait l'amoncellement d'une énorme quantité de gousses, il serait préférable de mettre cinq à six jours d'intervalle entre la cueille et le cassage. Il se ferait dans les cabosses une maturité plus complète des amandes, qui ne pourrait que favoriser la fermentation.

Cassage. — Pour casser les gousses, un travailleur vigoureux les prend une à une, en frappe d'un coup sec un caillou qu'il a entre les jambes : la gousse se fend en travers, il la jette à un autre travailleur qui l'ouvre tout à fait, en détache les graines avec les doigts et la vide dans un panier ou dans un sac. Un casseur peut fournir à trois femmes chargées de vider les gousses.

La quantité de gousses de cacao que peut cueillir un travailleur dans une journée de neuf heures est assez difficile à évaluer. Elle dépend de la charge des arbres, de la maturité des fruits, des difficultés du terrain, etc. On peut cependant dire, qu'en moyenne, sur une habitation en rapport dont la récolte est en pleine maturité, un travailleur peut ramasser une quantité de gousses représentant 1 hectolitre de graines, soit 1.000 ou 1.200. Dans le même laps de temps, il peut casser et vider le double, soit 2 hectolitres.

Les paniers ou sacs contenant les amandes sont portés aux bâtiments, où ils sont vidés dans un bac en bois ou en maçonnerie, construit de façon à ce que le fond ait une pente suffisante pour l'écoulement de la matière mucilagineuse qui enveloppe l'amande, et qui passe à l'état liquide, sous l'influence de la première fermentation qui s'établit dans le réservoir provisoire. Au bout de deux ou trois jours, les fèves sont livrées la fermentation proprement dite.

Fermentation. — A cet effet, elles sont mises dans des bacs en bois dont l'intérieur est préalablement garni avec des feuilles de bananiers, puis recouvertes des mêmes feuilles et enfin pressées au moyen de planches chargées de pierres ou de poids. Un levier ayant son point d'appui sur un des côtés du bac, et chargé d'un poids dans l'autre bout, simplifie beaucoup le travail.

La fermentation est la phase délicate de la préparation du cacao. Elle est avancée ou retardée par la chaleur, l'humidité, l'espèce de cacao; la quantité de fèves *enfournée* à la fois (pour me servir du terme consacré) influe aussi. Dix ou douze hectolitres fermentent mieux et plus vite que deux, trois ou quatre. Cette fermentation peut durer quatre à cinq jours et aller même jusqu'à huit jours.

Elle doit continuer jusqu'à ce que les fèves aient acquis une belle couleur rouge brun, bien uniforme, et jusqu'à ce que l'intérieur de ces fèves ait perdu la coloration violette et soit passé au *jaune paille*. Cette transformation dépend beaucoup de la qualité des cacaos. Ceux provenant des bonnes espèces et à graines rondes acquièrent très vite la couleur intérieure qu'on doit rechercher. Mais les fèves des cacaos créoles qui sont plates n'y arrivent que bien difficilement et

jamais d'une façon complète. Les graines doivent être ôtées
des bacs et remuées dès le troisième jour de la fermentation,
soit au bout de quarante-huit heures : puis, toutes les vingt-
quatre heures, jusqu'à ce qu'on juge que cette fermentation
est arrivée au point voulu.

Il faut une grande habitude pour ne pas dépasser la mesure
et arriver juste. Une trop longue fermentation brûle les
graines, dont l'intérieur devient noirâtre. Manquer de les remuer tous les jours peut produire le même effet. Quelquefois,
les graines moisissent malgré les pressions exercées sur elles.
Dans ce cas, il faut interrompre la fermentation et passer de
suite le cacao au soleil pendant quelques heures et recom-
mencer ensuite l'opération.

Pendant la fermentation des premiers jours, il coule des
bacs un liquide sucré provenant de la décomposition de la
pulpe qui entoure la graine.

Ce liquide tourne assez vite à l'aigre et produit du vinaigre
auquel il reste un goût léger de cacao.

Dans une exploitation produisant plusieurs centaines d'hectolitres, on pourrait tirer un revenu considérable de ce vinaigre qu'il faudrait fabriquer ou distiller de façon en lui enlever son goût propre. Ce jus se perd ordinairement; on s'en
débarrasse en le laissant couler n'importe où. Selon l'importance de l'exploitation, il y a plus ou moins de bacs à fermenter.

Ces bacs, dont la contenance est déterminée par les besoins,
doivent être construits en madriers assez épais pour que les
influences atmosphériques aient le moins d'effet possible à
l'intérieur. Une épaisseur de sept à huit centimètres paraît
suffire. Ils doivent être montés sur des cadres solides pour
éviter qu'ils ne se disjoignent, bien vissés ou boulonnés, et avoir
une porte à charnières ou à rainures de toute leur largeur pour
permettre de les vider et de remuer les fèves tous les jours,
sans trop de main-d'œuvre. Comme il est dit plus haut, plus
il y a, à la fois, de fèves à fermenter, mieux va l'opération.

Des bacs de 10 à 20 hectolitres paraissent réunir les meilleures conditions : quant à leur mode de construction, il peut

dépendre du goût du propriétaire. Ils doivent être placés dans un lieu bien clos, ayant du jour sous le vent de façon à ce qu'on voie bien clair pour *enfourner,* remuer et *défourner.* Après chaque *passée de cacao,* il est prudent de laver les bacs avec un lait de chaux, de façon à éviter l'acidité, qui nuirait aux opérations ultérieures.

Séchage. — Quand la fermentation est jugée suffisante, on transporte les graines sur des aires ou des terrasses en terre, en briques ou en ciment, dont le sol doit être bien uni, pour éviter de les briser quand on les remue de façon à exposer toutes leurs parties au soleil.

Pour la première fois, il faut éviter de laisser les amandes trop longtemps à un fort soleil : elles se ratatineraient, se plisseraient et deviendraient plates.

Le premier jour, trois heures de soleil suffisent.

Le cacao est alors rentré dans les bâtiments et mis en tas afin qu'il *ressue.* Le lendemain et les jours suivants, on le passe un peu plus longtemps au soleil, jusqu'à siccité complète. La graine doit alors se casser sec sous la dent, comme une tablette de chocolat.

A Ceylan, le cacao, après avoir fermenté, est lavé jusqu'à ce que la fève soit propre, nette et d'une attrayante apparence. Le cacao de Ceylan, ainsi préparé, obtient les plus hauts prix sur les marchés de Londres. Cette façon d'opérer qui séduit à première vue, a été mise en pratique à la Guadeloupe sans donner les résultats espérés. Les graines ainsi lavées deviennent trop sèches et trop friables, dès qu'elles subissent tant soit peu l'action du soleil.

Aux Antilles françaises, beaucoup de propriétaires de cacao croient que moins ils font fermenter leurs fèves, plus ils obtiennent de poids pour la vente. Quelques-uns les font sécher après vingt-quatre heures de mise en tas ou en bac. De là provient la mauvaise réputation des cacaos français, du moins de ceux de la Martinique et de la Guadeloupe. L'intérieur de la graine reste violet, le goût en est âcre, la coloration extérieure est rose, noire, jaune, les fèves ratatinées, biscornues, souvent moisies à l'intérieur, car, pour la vente sur place, ces mêmes producteurs croient gagner en séchant peu ou mal leurs produits, qu'on leur paye d'ailleurs en conséquence.

Les acheteurs des villes ont à compléter le séchage et à perdre 12 ou 20 % sur le poids; mais pendant le transport de l'habitation à la ville, il se passe quelquefois vingt-quatre heures pendant lesquelles les graines ont pourri, noirci et sont devenues d'une qualité exécrable.

Les produits de toute provenance étant mêlés chez le négociant acheteur, il résulte de cette façon de faire que les cacaos des Antilles françaises sont fort dépréciés en Europe et achetés seulement pour la fabrication du chocolat de qualité inférieure.

Fig. 7.
Amande
préparée.

Le cacao de la Dominique est encore moins beau que celui de la Martinique et de la Guadeloupe, et les prix qu'il obtient sont inférieurs à ceux des produits de nos deux colonies antilliennes. Le bon cacao marchand doit être *dense*, de forme ovoïde légèrement aplatie aux deux pôles, sa couleur extérieure bien uniformément *rouge brun*. L'intérieur de la graine doit être jaunâtre, mais cette dernière condition ne peut pas être obtenue jusqu'à présent avec les graines du cacao créole, tandis qu'on y arrive facilement avec les fèves des bonnes espèces, *Criollo, Margariteno*.

Triage. — Quand les fèves sont bien sèches, il y a avantage à les trier pour obtenir une qualité uniforme. Le trieur Cabasson (de Paris) est un instrument excellent. Il est composé de cylindres faits de tôles perforées de trous de diverses grandeurs. Un premier compartiment débarrasse les fèves de la poussière : le second fournit les graines fausses ou trop petites : le troisième donne le bon cacao de moyenne grosseur et enfin le quatrième et dernier donne passage aux belles graines ayant la forme d'olives. Cette dernière sorte doit valoir beaucoup plus que la précédente, car elle ne peut être composée que de graines produites par les cacaoyers des meilleures espèces.

Mise en sacs ou en barils. — Après le triage, on procède à la mise en barils ou en sacs. Les barils qui ont contenu la farine de froment peuvent être utilisés pour l'expédition du cacao. Ils sont auparavant flambés intérieurement, bien cerclés et foncés solidement.

Depuis quelque temps, l'emballage en sacs semble se substituer à celui en barils. Il est moins coûteux et plus commode pour le transport. Les sacs ou balles varient de 60 à 75 kilos, selon le goût de l'expéditeur et les facilités d'embarquement.

Terrage du cacao. — En Europe, on se fait une très fausse idée du terrage du cacao. Descourtilz, dans sa *Flore pittoresque et médicale des Antilles,* écrit que pour ôter au cacao la saveur âcre de son amande, on l'enterre pendant quarante jours, après lesquels on la livre au commerce sous le nom de *cacao terré.* Si l'on agissait ainsi, on obtiendrait, non pas du cacao terré, mais des jeunes cacaoyers.

La façon de procéder qu'indique l'*Encyclopédie chimique,* tome X, page 69, n'est pas moins inexacte. Les amandes seraient entassées dans des tonneaux en bois qui seraient enfoncés dans la terre ou bien simplement placés dans des fosses qu'on recouvre de terre. Ainsi traités, les cacaos auraient une saveur agréable !...

Ce n'est pas ainsi que se pratique le terrage dans les pays de production, au Vénézuéla, par exemple.

Cette opération a pour but de donner au produit, non pas une saveur agréable, mais une teinte rouge uniforme et aussi de le préserver de la moisissure. Voici comment elle s'effectue :

Au bout du troisième jour de la fermentation, quand les fèves ont été retirées des bacs, elles sont saupoudrées de terre rouge, préalablement séchée et pulvérisée, remuées avec une pelle jusqu'à ce qu'elles soient uniformément colorées, et replacées ensuite dans les bacs pour y continuer la fermentation.

Le terrage augmenterait, paraît-il, sur certaines places la valeur du cacao. Très pratiqué au Vénézuéla, il n'est guère utilisé ailleurs. En réalité, il n'a pour but que de donner la belle coloration rouge uniforme qu'on aurait dû obtenir avec une bonne fermentation.

Exportation. — Depuis quarante ans, l'exportation du cacao suit à la Guadeloupe une marche sensiblement ascendante.

En 1854 elle était de............	16.017 kilos.
1864 —	69.225 —
1874 —	85.634 —
1884 —	192.529 —
1894 —	299.914 —

Il ne faut pas oublier que les grandes cacaoyères n'existent à la Guadeloupe que depuis 1887 et qu'elles donnent à peine le tiers de ce qu'elles donneront plus tard.

La Guadeloupe pourra atteindre un jour une production de 1.500.000 kilogr. de cacao, 2.000.000 peut-être, mais les terres qui sont propres à cette culture ne permettront jamais de dépasser ce chiffre, alors que la culture du caféier pourra se faire sur une plus grande échelle, si elle est entourée de toutes les garanties de réussite dont il est facile de s'assurer.

APPENDICE

Cultures intercalaires. — Pour utiliser les terres qui ont été plantées en cacao et qui resteraient improductives pendant un laps de temps relativement considérable, on y cultive des plantes vivrières telles que manioc, melons, haricots, patates, malangas, etc. Ces cultures ne doivent pas être prolongées au delà des deux premières années.

Dépenses et revenus d'une cacaoyère. — En 1700, cinquante mille cacaoyers donnaient un revenu net de 37.500 francs, alors que la livre de cacao se vendait 7 sols 6 deniers. Il est vrai qu'à cette époque le bas prix de la main-d'œuvre compensait le peu de valeur de la denrée. Aujourd'hui les planteurs de cacaoyers n'ont pas à regretter les avantages que leurs devanciers tiraient de l'avilissement du salaire, ils trouvent une suffisante compensation dans les prix actuels beaucoup plus rémunérateurs. La situation, il faut l'espérer, s'améliorera encore, grâce aux persévérants efforts du sénateur et des députés de la Guadeloupe, qui ne cessent de lutter pour l'obtention du dégrèvement total des denrées secondaires.

La valeur de la terre propre au cacaoyer peut être évaluée, à la Guadeloupe, à 3.000 et même 5.000 francs l'hectare. Cette valeur sera dépassée dans peu de temps, alors que celle des terres d'autre nature varie entre 200 et 1.000 francs l'hectare, sans chance d'augmentation, sauf pour celles qui sont bonnes pour le caféier.

On peut estimer les frais de mise en culture d'une cacaoyère à un minimum de 3.000 francs par hectare, avant que les arbres ne donnent un produit appréciable, et encore, pour ne pas dépasser ce chiffre, faut-il se trouver dans de bonnes conditions, et ne faire ni essais coûteux, ni école d'aucun genre.

De cinq à six ans, le produit des arbres bien soignés et bien venus peut compenser une partie des dépenses de faisance valoir : car, à cet âge, les cacaoyers et leurs abris commencent à protéger le sol de façon à empêcher la pousse rapide des herbes. Les feuilles qui couvrent la terre aident à ce résultat. Vers huit ans, la plantation doit commencer à donner des bénéfices, car les récoltes augmentent et l'entretien des arbres diminue : il n'y a plus de sarclages à faire, si ce n'est dans les endroits où, pour une cause quelconque, il y a eu des arbres mal venus ou des mortalités.

Ce n'est guère que vers douze ans qu'on peut dire que la plantation est en rapport; l'entretien alors devient nul, plus d'herbe sous les arbres. Le travail consiste à les tailler pour les amener à la hauteur voulue (ce travail doit se faire à partir de cinq à six ans) ou les empêcher de trop s'élever, les débarrasser des branches gourmandes et des parasites, mettre de temps en temps les feuilles en tas pour permettre à la terre de s'aérer, et enfin, récolter.

A cette époque, dans une cacaoyère bien ordonnancée, la main-d'œuvre d'entretien d'un hectare ne doit pas dépasser 300 francs y compris la cueille des fruits, leur transport et leur préparation; bien entendu que les frais de direction de l'exploitation ne sont pas compris dans ce chiffre. Il faut noter que quoique le cacaoyer soit en rapport à douze ans, son produit augmente les années suivantes jusqu'à la vingtième année, époque à laquelle il a obtenu toute sa vigueur et tout son développement. Les résultats d'une exploitation cacaoyère peuvent varier sensiblement selon le plus ou moins d'intelligence et d'activité qu'on y déploie.

Si les cacaos de la Guadeloupe et de la Martinique, mais surtout les premiers, obtiennent de très bas prix sur les marchés, c'est qu'à part de rares exceptions, rien n'est fait pour améliorer la qualité.

Sans prétendre qu'on puisse arriver à rivaliser avec les produits du Vénézuéla, on doit pouvoir fournir une qualité valant de 20 à 25 % de plus que celle actuelle. Les essais tentés, qui ne sont pas encore définitifs, le prouvent surabondamment, et le résultat sera acquis le jour où des marques sérieuses d'une qualité constante se seront fait connaître sur les marchés. La sélection du plant y contribuera pour les plantations à venir, aussi il serait bon de se le procurer au lieu d'origine et parmi les qualités les meilleures.

Lorsque ces conditions seront réalisées, le revenu par hectare devra être évalué annuellement à 3.000 ou 4.000 francs, selon la nature du terrain, les influences climatériques de l'année, etc.

Frais pour 1 tonne de cacao expédiée de la Basse-Terre en sacs de 70 kilos.

Fret, par vapeur ou caboteur y compris l'embarquement à 1 fr. par sac 14ᶠ,00

Mise au bord de la mer (si les cacaos sont en magasin à Basse-Terre) à 0 fr. 15 c. par sac 2ᶠ,00

Droits de sortie à 1 fr.34 par 100 kilos plus 2 décimes, au total 1 fr.60 par 100 kilos 16ᶠ,80

Droits de statistique à 15 centimes par sac 2ᶠ,10

Menus frais, timbres et connaissements, etc., etc... lettres à 50 centimes par sac 7ᶠ,00

Commission de transit à 2 fr. par sac 28ᶠ,00

                                                                         ____

                                                                         70ᶠ,00

Ou, en chiffres ronds, 7 centimes par kilogramme.

Soit, avec les frais en France tout compris, 23 centimes par kilogramme.

Mettons 25 centimes, pour faire la part de tous les faux frais, ou 12 centimes 1/2 par livre.

Frais à partir de la Pointe-à-Pitre jusqu'à livraison à Bordeaux pour 1 tonne de cacao en sacs.

Assurance maritime sur 1.200 francs 7/8 % 25f,60
Frais par paquebot à 56 fr. 25 les 1.000 kilos plus 5 % (avaries et
    chapeau). 60f,00
Gabarrage à 5 francs les 1.000 kilos 5f,00
Débarquement à 3 fr. 50 les 1.000 kilos 3f,50
Timbre et connaissements (quelle que soit la quantité) 1f,30
Menus frais, lettres, échantillonnage (moyenne) . . . . : . . . 6f,00
Droits de statistique 2f,00
Assurance contre l'incendie sur les quais 1f,00
Tare, entrée en entrepôt, encarrossage. 6f,00
Magasinage (présumé pour 3 mois) et assurance contre l'incendie
    en magasin 8f,50
Commission et ducroire sur une valeur conventionnelle de 2.000 fr.
    2 % 40f,00
                                                                    ————
                                                                    158f,90

Soit environ 16 centimes par kilogramme. Il faut en outre déduire des prix de vente 3 % d'escompte selon l'usage de Bordeaux. Soit, sur une valeur conventionnelle de 2.000 francs pour 1.000 kil. : 30 francs.

Ce qui porte les frais de la Pointe-à-Pitre à la livraison à 19 centimes par kilogramme ou 9 centimes 1/2 par livre.

Droits de douane. — Le cacao des colonies françaises payait 50 de droit d'entrée en France (droit de douane) plus un demi-décime, soit 52 fr. 50 par 50 kilos. Depuis l'application du tarif des douanes aux colonies françaises, le dégrèvement est de moitié : il ne paye donc que 26 fr. 25 de droit par 50 kilos.

Sortes de cacaos. — Pour distinguer entre elles les diverses espèces de cacaos, il est convenu de les désigner par le nom des contrées dans lesquelles elles ont été récoltées ou celui des ports d'exportation.

On comprend d'abord deux grandes classes de cacaos :

Ceux de l'Amérique centrale et de l'Amérique du Sud, appelés cacaos de *Terre ferme;* ceux *des Iles*, provenant de la Réunion et des Antilles.

Les cacaos terrés se rencontrent parmi les cacaos de Terre ferme.

Ils sont plus appréciés, non pas à cause du terrage, mais parce qu'ils arrivent de contrées où la culture et la préparation de cette denrée sont faites avec le plus de soin.

Les cacaos de Terre ferme sont :

a. Cacaos du Vénézuéla qui se divisent en trois sortes :

1° Les caraques 1er choix (Puerto-Cabello, La Guayra), cacaos terrés ;

2° Les caraques 2° choix (Irapa-Guiria, Yagarapara, Rio-chico, Rio-carribe) ;

3° Cacao Maracaïbo (terré) ;

b. Cacaos du Guatémala (Soconusco) terrés ;

c. Cacaos de l'Équateur : se distinguent en Guayaquil, Ariba, Machala, Balaco (terrés) ;

d. Cacaos du Brésil (non terrés), Para et Bahia ;

e. Cacaos de la Guyane (quelquefois terrés) : comprennent trois sortes, Surinam, Exquibo, Berbice et Cayenne.

Les cacaos des Iles (non terrés) sont :

a. Cacaos de la Trinidad, se rapprochent beaucoup du cacao du Vénézuéla, obtiennent sur les marchés européens les prix les plus élevés parmi les produits des Iles ;

b. Cacaos de Haïti (Santo-Domingo, Port-au-Prince) ;

c. Cacaos de Sainte-Croix : se rapprochent des cacaos de Haïti ;

d. Cacaos de la Jamaïque ;

e. Cacaos de la Guadeloupe et de la Martinique ;

f. Cacaos de Sainte-Lucie ;

g. Cacaos de la Dominique (qualité très inférieure) ;

h. Cacaos de la Réunion.

Composition chimique du cacao.

Trois éléments importants se rencontrent dans le cacao : le beurre de cacao, la théobromine et le rouge de cacao.

Le beurre de cacao est une matière grasse, employée en pharmacie pour l'usage externe. On l'extrait surtout des cacaos de qualité inférieure. C'est cette substance qui constitue la partie nutritive du cacao.

Le rouge de cacao, qui est un glucoside, est le principe immédiat qui, par ses transformations pendant la torréfaction, donne au cacao sa coloration et son goût agréable.

La théobromine ($C^4 H^8 Az^4 O^2$), matière azotée qui se rapproche du groupe de l'acide urique, se trouve aussi dans le guarana, le café, le thé, le maté.

Comme son dérivé méthylé, la caféine, la théobromine jouit de propriétés stimulantes qui en font un aliment d'épargne. C'est un diurétique très puissant. En dehors de ces trois éléments primordiaux, on rencontre encore dans le cacao de l'amidon, de la cellulose, de l'eau hygroscopique, des matières hydrocarbonées et azotées, des sels minéraux.

Le tableau ci-contre donne la composition :

Des amandes crues décortiquées,
Des amandes torréfiées décortiquées,
Des coques de cacao non torrifiées.

Cette composition varie suivant la provenance des cacaos.

Composition des amandes et des coques de cacao. (ZIPPERER.)

	NOMS DES SORTES.	EAU.	MATIÈRES GRASSES.	THÉOBRO-MINE.	AUTRES MATIÈRES AZOTÉES.	ROUGE DE CACAO.	AMIDON.	CELLULOSE.	CENDRES.
Amandes crues décortiquées...	Caraque........	6.50	50.31	0.77	17.22	10.76	7.65	2.61	4.17
	Puerto-Cabello .	6.40	53.01	0.54	13.32	7.85	10.05	2.51	4.32
	Trinidad........	6.20	51.57	0.40	15.80	9.46	11.07	2.63	2.87
	Ariba..........	8.35	50.39	0.35	19.44	8.41	5.78	2.66	4.12
	Machala........	6.32	52.58	0.33	12.04	13.72	8.39	2.41	4.11
	Port-au-Prince..	6.94	53.66	0.32	13.28	11.39	8.96	2.53	2.92
	Surinam........	7.04	50.86	0.50	21.44	8.31	6.41	2.69	2.72
Amandes torréfiées décortiquées.	Caraque........	7.48	49.24	0.50	19.62	6.85	9.85	2.54	3.92
	Puerto-Cabello..	7.58	48.40	0.52	18.56	8.25	10.96	2.65	4.08
	Trinidad........	7.85	48.14	0.42	20.38	7.69	8.72	2.68	4.12
	Ariba..........	8.52	50.09	0.38	16.84	8.61	9.10	2.59	3.89
	Machala........	6.25	52.03	0.31	15.58	7.84	11.57	2.59	3.75
	Port-au-Prince..	6.27	46.90	0.36	19.20	7.19	12.64	2.62	4.82
	Surinam........	4.04	49.88	0.54	21.68	8.08	10.19	2.71	2.88
Coques de cacao non torréfiées.	Caraque........	11.90	4.15	0.30	—	3.80	—	17.99	16.73
	Puerto-Cabello..	12.04	4.00	0.32	—	9.15	—	15.98	8.99
	Trinidad........	13.09	4.74	0.40	—	4.87	—	18.04	7.78
	Surinam........	13.02	4.17	0.33	—	5.01	—	14.85	7.31

Zipperer a trouvé les nombres suivants pour le rapport
pour 100 du poids des coques au poids des amandes crues et
entières :

Caraque	15.00
Puerto-Cabello	12.28
Trinidad.	14.68
Aribe	18.68
Machala.	16.14
Port-au-Prince.	16.00
Surinam	14.60

En somme, peu de différence entre les diverses sortes d'a-
mandes : au contraire, variations sensibles pour les amandes
décortiquées ou non.

CHOCOLAT

Le chocolat est un mélange pâteux de cacao et de sucre auquel on ajoute dans certains cas des aromates.

Voici, d'après Kœnig, la composition pour 100 de quelques chocolats.

	Nos D'ORDRE.	EAU.	MATIÈRES GRASSES.	MATIÈRES AZOTÉES.	THÉO-BROMINE.	SACCHAROSE.	AMIDON.	AUTRES MATIÈRES NON AZOTÉES.	CELLULOSE.	CENDRES.
Chocolats allemands.	1	2.50	27.31	6.62	0.66	48.59	4.59	5.40	1.30	1.69
	2	2.06	28.55	6.89	0.99	39.86	5.85	14.68	2.10	2.01
	3	2.11	25.54	6.75	0.68	45.87	5.83	11.25	1.50	1.65
	4	2.19	24.10	6.93	0.69	47.25	5.83	12.48	1.50	1.68
	5	1.93	22.50	8.18	0.56	55.31	4.44	5.50	0.70	1.44
	6	1.88	24.12	5.81	0.80	45.67	6.49	12.14	2.05	1.84
Chocolats français.	1	1.22	21.40	4.57	1.26	59.07	1.83	—	—	1.79
	2	1.28	22.20	4.57	1.33	57.47	1.83	—	—	1.75
	3	0.98	23.80	4.99	1.43	56.34	0.97	—	—	1.85
Chocolats espagnols.	1	1.50	20.50	6.45	1.82	54.00	1.33	—	—	2.43
	2	1.20	24.80	8.67	2.64	41.46	1.84	—	—	3.23
	3	1.33	26.60	8.21	2.50	41.40	1.74	—	—	3.06

A la Guadeloupe, MM. Clayssen et Cabre ont acquis depuis plusieurs années une réputation méritée pour la préparation du chocolat. Leurs produits sont consommés dans le pays et dans les colonies françaises voisines; ils exportent peu en Europe. J'ai goûté du chocolat préparé par M. Clayssen qui pouvait rivaliser avec les meilleures marques espagnoles.

Toutefois, je ne pense pas qu'il y ait avantage à manufacturer le cacao sur place et à l'exporter sous forme de chocolat, à moins de se résoudre à se faire une marque par de longues années de réclame; mais on pourrait peut-être l'expédier en pâte, comme on le faisait pour le roucou. On aurait ainsi une sensible diminution dans le fret et les droits.

INDEX

CULTURE

RÉCOLTE DU CACAO

APPENDICE